모퉁이

문영길 네 번째 시집

청옥

시인의 말

삶의 미로를 떠돌며 지나쳤던 수많은 모퉁이들
생의 모퉁이에 두고 온 아릿한 기억들
길모퉁이 포장마차에서 마시던 한잔의 넋두리
문학의 모퉁이에서 줍던 어쭙잖은 시어들
인연의 모퉁이에서 엮던 만남과 이별
.
.
이 모든 것이
.
.
당황스럽게 맞닥뜨리는 우연이거나
두서없는 방황이거나
수렁으로 빠져들던 좌절이나 절망이거나
기쁨으로 요동치는 행복이거나
누군가의 마음에 가닿는 시어 한 줄이거나
숙명으로 귀결되는 운명적 필연이거나
.
.
시집 모퉁이에 옮겨 적다

차 례

제1부 삶의 모퉁이

코골이 ·· 15
갈대 ·· 16
새벽 출항 ··· 18
남 좋은 일 ·· 20
도시 광부 ··· 21
찰나의 교감 ··· 22
치매 ·· 23
주식 동학개미 ·· 24
가난한 꽃병 - 가난한 연인을 위하여 - ············ 25
단비 ·· 26
해무海霧를 통과하다 ································· 27
철없는 봄 - 가출 소녀 - ···························· 28
백색소음 ·· 29
밤의 모서리 ··· 30
풍랑주의보 ·· 31
암구호 ·· 32
불공평한 게임 ·· 33
안동 간고등어 ·· 34
꼴값 ·· 35
이만큼 살았는데 ······································ 36
우왕좌왕 ·· 38
밤낚시 ·· 39
저작권 ·· 40
생의 모퉁이 ··· 41

제2부 인연의 모퉁이

살구씨처럼 ····· 45
엄마야 누나야 강변 살자 ····· 46
수목장 추모 공원 ····· 47
고구마 ····· 48
너를 접목하다 ····· 49
삼류를 상영하다 ····· 50
홍시 같은 날 ····· 51
웃음의 그늘 ····· 52
사는 게 다 그렇지 ····· 53
쥐불놀이 ····· 54
바보같이 ····· 55
명성호 선장 김 씨 ····· 56
봉발탑 앞에서 그리움 한 끼 ····· 58
모퉁이 ····· 59
배꼽 ····· 60
사금 채취 ····· 61
억새 능선에서 ····· 62
금지된 장난 - 노래방에서 - ····· 63
매미 문상객 ····· 64
복숭아 같은 ····· 65
보편적 연민 ····· 66
동래보건소 간호사 K ····· 67
작전명 - 밥 한번 먹자 ····· 68

제3부 꽃길 모퉁이

바람꽃 ································· 71
아침 연밥 ······························ 72
서운암 야생화 ························ 74
야생화 ································· 75
개구리밥 ······························ 76
낙화 ··································· 77
분재 ··································· 78
동백섬 인어상 ························ 80
채송화 ································· 81
도라지꽃 ······························ 82
점심 공양 ······························ 83
8월의 배내골 ························· 84
아침이슬 ······························ 86
화인花印 ······························ 87
능소화 지던 날 ······················ 88
강아지풀꽃 ···························· 89
불갑사의 여름 ······················· 90
달맞이꽃 ······························ 91

제4부 사색의 모퉁이

돌이켜보니 ··· 95
네 죄를 알렸다 ··· 96
비싼 몸값 ·· 97
꿈에 매몰되다 ··· 98
나는 상상하려 하오 ······································ 99
검푸른 고뇌 ··· 100
우아한 허기 ··· 101
몰염치에 대한 비망록 ································· 102
우화羽化를 꿈꾸며 ······································ 103
시답잖은 시 ··· 104
착상 ·· 105
고래, 부활을 꿈꾸며 ···································· 106
대화하는 돌멩이 ·· 107
수수밭에서 동학을 기억하다 ····················· 108
백팔번뇌 ·· 109
상념의 모퉁이 ··· 110
모방 ·· 111
옹이의 무늬 ··· 112
수취인 불명 - 발 없는 말 - ·························· 113
프레임에 갇히다 ·· 114
허깨비 ·· 115

제5부 시선의 모퉁이

부전시장 콜라텍 ····· 119
을숙도의 밤 ····· 120
통도사 대웅전에서 ····· 121
갯벌에 억류되다 ····· 122
몰운대 ····· 123
무풍한솔길을 걷다 ····· 124
재개발지구 ····· 125
바다에서 지금을 설계하다 ····· 126
광안대교 ····· 128
용궁사 ····· 129
우울의 편식 ····· 130
미얀마의 봄 ····· 131
실없음을 위하여! ····· 132
등 부표고립 장애표지 ····· 134
김어수 시비 곁에서 ····· 136
숭어 ····· 137
가을걷이 ····· 138
폭풍전야 ····· 139
통도사에서 봄을 찍다 ····· 140
관계의 정상화 ····· 141
상하 관계 ····· 142

제1부

삶의 모퉁이

코골이

삶에 길들여 온순하던 사내가
초원을 달리고 있나 보다
야성의 포효로 가쁜 숨 몰아쉰다

치열한 경쟁에서
뒤처져 늘 주눅 들어있던 사내가
꿈에서 사냥에 성공했는지
이빨 가는 소리
살점을 물어뜯나 보다

밤엔 육식동물로 잠들있다가
낮엔 상사의 발소리에도 깜짝 놀라는
초식동물이다

갈대

빈 대궁으로 자주 눕곤 하던 갈대는 이 한 계절 더 노숙하기로 했다

말라버린 젖꼭지를 깨무는 허기가 파문으로 번지면 쭉정이의 희망에 집착하다가 주저앉는 허무에 가을볕만 하릴없다

굼닐거려도 머리만 쓰다듬는 가난으론 위로할 수 없는 들피진 안색에 설핏 노을 찾아와 잉여의 시간을 신탁한다

빈곤을 서로 캐묻지 않는 불모지에서 은연중 연대하여 성실했던 이력을 보증해 보지만 우듬지에 부풀다 만 한 움큼의 기대를 지탱하기엔 뼈대가 너무 부실하다

개발제한구역에선 희망마저 푸석푸석 바스러지곤 하지만 서로를 측은히 여기는 가난한 이웃들은 시린 계절을 덤덤히 받아들일 수 있다

기웃거려 궁색한 안부를 묻는 강바람이 늘 곰살궂기만 하겠냐만 허전함과 어깨동무하며 성긴 뿌리에 묻어둔 약속은 초록빛을 품고 있어 시큰한 허리로 지탱하는 지금이 견딜만하다

쇠락해가는 동안 변두리에서 식어가는 별빛이라도 덮어줘야 설움을 잠재울 수 있어 수시로 깨는 밤의 끄트머리에서 스멀스멀 번지는 물안개에 버석거리는 마음을 숨겼다

물컹거리는 땅을 밟지 않도록 친절을 베푼 을숙도 산책로의 갈대는 평범해지고 무덤덤해지고 이방인은 자기들끼리 서걱거리다 허전해 졌다
　그리움마저도 비우는 중이다

새벽 출항

촐랑거리는 어리광을 매달고
드난살이 눈치껏 살피는 바다의 안색
투덜거리면서도 파도를 어르는 고깃배는
뱃전에 물보라 앞세워 쿵쿵거리며
비린내 풍기는 만선의 소문을 쫓을 것이다

무표정에 의심스러운 눈초리가 술렁거리고
만성적 피로에 시달리는 기다림의 시간
떠도는 쪽빛 사이로 보이는 희망은
너무 상투적이어서
약속의 허기진 배를 채워줄 신호에만
예민한 신경이 집중했다

무엇 하나 심을 수 없는 물의 잔등에서
늘 불안한 균형으로 버티며
막연한 투망의 헛손질을 참아내던 일상이
실망스러울 때마다
손끝에서 느껴지는 묵직한 전율로 끌어올리는
막노동의 반짝거리는 흥분
고단함을 잊게 하는 원시적인 만족이 눈부시다

허무의 멀미에 시달리면서도
절대적인 믿음으로 출렁거리는 기도엔
바다에 기댄 소원 빼곡하니
막연한 행보지만 어찌 머뭇거리랴
보이진 않아도
등 푸른 약속이 거기에 있음을 아는데

남 좋은 일

벌 몇 마리 유채꽃밭에서 환장해
온몸에 꽃가루 뒤집어쓰고 양껏 꿀 빨아
양봉 상자를 들락거린다

죽어라 채운 곳간 한순간에 털리는
남 좋은 일 하는 줄도 모르고…

근근이 이어가는 밥벌이
뼈 빠지게 일해야 점포세를 밀리지 않을 텐데
집세 독촉이 만만치 않다

멀찌감치 말벌 한 마리
흐뭇하게 지켜보고 있다

도시 광부

어두운 골목은
황금을 캐는 작업장
택배가 많은 원룸 길목은
노른자위 광맥이다

단단한 불평등의 암석층에서
눈에 띄는 반짝임
급하게 챙기는 노다지에
엷게 번지는 미소도 금빛이다

파지를 손수레 가득 채운
그의 퇴근길
BMW도 벤츠도 비껴가야 하는
개선장군이다

찰나의 교감

변화무쌍한 그들의 영역에서
윤슬로 엇비치는 기원
기회를 엿보는 노련한 어부의 눈에
찰나가 어른거린다

투망의 간절함이
검푸른 동요에 내맡긴 조바심 다스려
서로를 의지하는 결속의 팽창
직감에 예민한 팔뚝마다 힘줄이 돋는다

출렁이는 풍만한 젖가슴에서
만족을 수유하고픈 본능이 파르르
찬연한 몸부림이 느껴지면
검게 탄 얼굴에 비린 웃음이 번진다

푸르른 허상을 뒤쫓으며
생의 격랑 속에서 건져 올리는
묵직한 기대가
포구의 수런거림을 예감한다

치매

폐쇄회로 안에서 길을 헤매던 소년
행적이 묘연하다

추리할 수 있는 단서는 삭제되어
선택적 기억에 매달려보지만
무의식에 저장된 습관조차 자꾸 범하는 오류
안에서 바라보던 내가 사라지고
보이는 건 모두 낯설다

재생 버튼을 누를 때마다
되돌려지는 시간
영상에 어른거리던
아내도 자식도 친구도 사라지면
돌아가신 엄마가 혼자 젖을 물린다

어리광에 철부지 아이
기저귀 갈아 달라 칭얼대면
연민조차 버거운 한숨이 무너지고
존엄을 재생하지 못해
지지직거리기만 하는 폐쇄회로
차마 끄지 못한다.

주식 동학개미

초록빛에서 우쭐하다가
붉은빛에서 좌절한다
느낌 따라
풍문 따라 헤쳤다 모여
조급함에 몸살 난다

충만한 기대 나 몰라라
개미 묶인 쭉정이
제멋대로 주식시세판 따라
선무당 춤추니
팔다리가 쑤신다

동학의 꿈은
여전히 요원하다

가난한 꽃병
- 가난한 연인을 위하여 -

가난한 연인의 방에 꽂힌 꽃은 병색이 완연해서
기침만 해도 꽃잎은 떨어져요
몰래 삼키는 울음에 전염이 되었나 봅니다
가난해도 행복하다고 말할 때마다 딸꾹질하는
꽃잎의 초라한 표정 때문에 눈동자는 갈피를 잃어요
향기는 빈손에 안기며 배고픔을 경멸하지만
자꾸 날개옷에 시선이 옮겨가요
자존심을 잘 다려도 꾸겨진 흔적은 남아요
떨어진 꽃잎을 볼 때마다 눈물도 붉어져요
아무도 보이지 않는 곳에서 행복하게 시들어요

단비

눅진한 바람
마른기침하던 연못에서
애타던 기도를 건드리고 갔다

멀리
비 후드득거리는 소리
맥없던 창포가 벌떡 일어선다

흠뻑 젖는 허리춤
애살스레 연꽃은 터지고
초록빛은 오랜만에 느긋해진다

개구리는 잠긴 목청이 트였고
뛰노는 동그라미
기뻐 서로 얼싸안는다

늙수그레한 농부의 미간에
비꽃 활짝 핀다

해무海霧를 통과하다

추측의 연막 속에 고립된 자폐의 불안한 눈빛
기척 없는 두려움에 부딪힌 소리는 음절마다 깨어져
허무맹랑한 소문을 안고 흩어졌다

떠도는 건 무엇이든 과녁이 되어 겨냥했던 추궁의 눈빛
튕겨 나오는 윤슬에 찔리던 의혹도 시간의 해무 속에서
증거의 무게를 견디지 못하고 해저에 안장되었다

통곡마저 검열하는 눈가림의 침묵 앞에선 목소리를 낮추고
무능력의 착각 속에서 거대한 모순의 진의를 헤아리며
힘의에 떠밀리던 바다가 지금, 증인으로 소환되는 중이다

검증할 수 없는 은폐의 희뿌연 과거를 눈물로 기록하며
조작된 기억의 오류를 뒤덮은 모호함은 아직도 걷히지 않아
실토하지 않은 비밀이 표류하고 있다

오래잖아 해무가 걷히는 순간 진실의 항로로 항진하는
희망으로 꿈틀거리는 지느러미가 분명, 보일 것이다.

철없는 봄
- 가출 소녀 -

길바닥에 민들레
밟히면서도 웃고 있다

길가에 동백꽃
버려지면서도 웃고 있다

골목 으슥한 곳
속된 경험에 철없이 핀
여린 것들의 당돌함
내뱉은 가래침이 깔깔거린다

웃음이 아닌
몸부림의 예언을 읽는다

백색소음

엄마의 뱃속에서 심장 소리를 들으며
안심했던 습관이었으리라

주변의 소리가 사라지면
어둠 속에서 길 잃어버리고
혼자가 된 것 같은 불안이 엄습한다

바람에 문풍지 사그락거리던 소리
멀리 개구리, 풀벌레 울음소리
어둠을 적시던 빗소리는 다정하다

잠결에 들던 아버지의 옛날이야기
엄마가 옷 꿰맬 때 나던 부스럭거림은
자장가로 마음 쓰다듬는 소리였다

아내의 가느다란 코 고는 소리
곁에서 불침번을 서니
소곤거리는 TV 소리 베개로 삼는다

밤의 모서리

애국가가 끝나고 TV 화면에서 눈을 떼면
지겨움 뒤로 심심함이 밀려오는 상실의 시간
노인은 남은 어둠의 길이를 잰다
그의 취침시간은 늘 새벽 첫차가 지나간 후라서
그동안은 멀뚱멀뚱 천장의 무늬를 센다
막걸리 두 통이면 수형의 시간을 너끈히 넘기는데
홀쭉한 주머니는 냉정하다
곰팡이 번식하는 습한 어둠 속에서
드라큘라처럼 신선한 절망의 목덜미를 깨문다
검은 피가 외로움의 수명을 연장해
잠시 후엔 잠든 척 꿈을 배회할 시간이다
독거노인의 환한 낮은 녹화되어
어둠 속에서 권태로 재생될 것이다

풍랑주의보

심상찮은 바람의 채근에
뒤척이는 파도 소리
물이랑마다 울먹거리는 메밀꽃이
너울너울 핀다

어둑발 번지는 갯마을
근심으로 불 밝힌 가로등에
무료함이 번지고
포구엔 비린내만 하릴없다

요동치는 게 바다뿐일까
사나흘 공친 어부도
발 묶인 어선도 매한가지
조바심은 육지 멀미에 시달린다

초저녁잠 돌아누울 때마다
관절마다 일어서는 통증의 파도
앓는 소리
잠결에 부서진다

암구호

암구호!
움직이면 쏜다

군대 갔다 온 이들은 안다
암구호를 모르면 침입자가 된다는 것을

귀동냥으로 들은
가진 자들만 아는 암구호

한통속이 되려고 다가갔다가
늘 틀리기에
사살되기 일쑤이다

불공평한 게임

아파트값이 억억하다가 곱절로 뛰었으니
영문도 모르고 부자가 된 기분
치레에 맞추어 빚내서 사는 명품이다
격에 어울리는 외식도 해야지
곧 억하고 또 뛸 테니 푼돈의 빚이야 부스러기
십몇억의 집을 깔고 누운 가난이
사각사각 실체가 없는 부의 환영을 갉아먹다가
빵빵하게 부푸는 헛배
우월과 좌절의 상대성이 인생을 평가한다

고치를 만들지 못한 누에에게
명주로 짠 날개는 언감생심이리시
주식과 가상화폐에 희망을 탕진한 젊은이는
가치의 불임을 선언하고
연예인 누군가 또 건물을 샀다가
몇십억의 차익을 남겼다는 풍문의 너울에
열등감이 표류한다

택배기사가 과로에 쓰러지고
노동자가 기계에 깔렸다는 기사의 귀퉁이에
조등弔燈이 걸린다

안동 간고등어

영덕에서 안동까지
비린내 흘리며 왔을 온종일
고등어 눈깔이 퀭하다

간잽이가 생살에 뿌린 소금
되새김질하는 짭조름한 기억
가른 배에서 바다가 쏟아진다

여린 그리움도 염장 잘해
오래 두었다가 사랑 고플 때마다
노릇노릇 구워 배불릴까

중생을 위한 보시인지
고등어 한 마리
소신공양 중이다

꼴값

꼴값하네
제 몫을 다한다는 인정일텐데
비아냥의 속된 예단에도
그 정도의 값은 치를 수 있는
꼴이기를 바랬다
꼴값 못하는 잘난 체보다는
하찮아도 꼴값만큼은 하고 싶었다
나를 지칭하는 아버지라는
              남편이라는
                시인이라는
이런 꼴값을 제대로 하고 있는지
몹시 궁금한 내 꼴값!

이만큼 살았는데

우리 설령 영문도 모른 채 만났다고 하자
그래도 눈인사하는 정이 생겨서
뜬금없이 밥 한번 먹자고 하면 안 되나?

때때로 까닭 모를 서운함에
맹숭맹숭해지다가 서로 가여워서
구겨진 자존심 팽개치고 얼굴 보자면 안 되나?

쥐어짠 세월 눌어붙어 쭈글쭈글한 얼굴이지만
마음은 여전한 청춘이라서
립스틱 빨갛게 바르고 만나자고 하면 안 되나?

까짓 뒷담화의 여지쯤이야 남겨 두고
보잘것없는 인생에 뻔한 자랑거리 한두 개 정도
웃으면서 들어주면 안 되나?

세월도 야속한데 굼뜨다고
자동차 빵빵거리며 재촉하는 골목길을
사륜 유모차 폼나게 끌고 다니면 안 되나?

불쑥 끼어들어 편들어주는 말

그럴 수도 있지

속상함에 맞장구쳐 주면 안 되느냐고…

우왕좌왕

우회전할까 좌회전할까
접힌 허리들이 예를 다하면
한 표가 잠시 갈등한다

이 말도 일리가 있고
저 말도 그럴듯하고
이 말도 뻔한 속 보이고
저 말 역시 눈 가리고 아웅

'국민의 이름으로'가
"국민을 거름으로"가 되면
정말 안 되는데

밤낚시

새치름 달맞이꽃 눈 뜨면
저수지에 가득한 개구리 울음소리
별빛 박힌 등이 가려우면
바람이 슬쩍 긁어주고 갑디다

반딧불이 점멸신호에
첫사랑의 아련함이 스멀스멀
입질 없는 낚싯대를 추억에 드리우고
무료함만 담뱃불로 타들어 갑디다

기다림 익숙해지는 어둠 속
물안개 피어오르면
어느새 축축하게 젖는 상념
아내의 애살스러운 타박이 그리워집디다

살아있음의 짜릿한 몸부림
내가 나를 낚아 올리는 일입디다

저작권

저작권 없음.
마구 베껴서 퍼 날라도 상관없음.
이미 단물이 다 빠져버린 풍선껌처럼
더는 상상을 부풀리지 못함.
붙여넣기 한 감성은 출처를 알 수 없음.
유효한 감동은 시들었음.
악성 댓글은 사양함.

생의 모퉁이

생의 모퉁이를 돌아서면
거기엔 다독이는 무엇이 있다

첫사랑은 실제보다 더 설레어
사랑에 데일 때마다 반창고로 붙여졌다

유년의 배고픔은 더 절절해서
가난한 인생도 든든한 밥이 되어 담겼다

마지막처럼 처절했던 좌절은
모두 다 견딜만한 고통의 무용담이 되었다

두고 온 것들이 입맛대로 각색되어
심심한 인생에 넉넉한 주전부리가 된다

생의 모서리가 둥그렇게 닳는다

제2부

인연의 모퉁이

살구씨처럼

장대질 한 번이면
와르르 떨어질 생기발랄한 금빛을
수시로 흔들어대다가
매질 끝에 와락 안기던 엄마 품에선
살구 냄새가 났었지요

젖가슴 파고들던 새끼들이
살구나무에 몰래 매달려
젖 빨 듯이 단물 빠는 꼴 보며
살구꽃 같은 웃음 짓기도 하셨지요

엄마 생각 노랗게 익은 게 죄인 양
숨어 달린 살구
남의 동네 살구나무 밑에서
뱉어낸 살구씨처럼 마냥 앉아있지요

엄마야 누나야 강변 살자

물에 잠긴 금모래 반짝이던 강변
조망권 웃돈 얹어진 아파트에서
병색 완연한 강물을 물끄러미 본다

가난한 대로 어울려 서로를 돌보며
나긋하게 휘감겨 정겹던 강
꼿꼿한 자세로 인정머리라고는 없다

밤이면 은하수 쏟아지던 그곳에
아파트 불빛 반짝이고
갈잎의 노래는 자동차 소음에 묻혔다

'엄마야 누나야'는
강변아파트에 갇혀 잊힌 노래를 불렀다

수목장 추모 공원

떠나보낸 것들을 위해 부르는 쓸쓸한 노래
잊힌 것들의 얘기를 비문에 새긴
버려지는 기억들이 서로를 부둥켜안고
낯선 이웃이 되었다

생이 저장된 이름표에 요약된 삶이
서운했던 기억들을 지우며
소풍 같았던 이승이었다고 입력하면
못난 자식은 환한 얼굴을 출력하곤 했다

뭉텅뭉텅 불효의 그림자를 잘라내며
나무 그늘에 잊지 않겠다는 약속과 함께 묻혀
매미처럼 울며 여름을 건넜다

실수로 눌러버렸다는 그리움의 삭제 버튼
고의성이 다분하다

고구마

엄마라는 씨고구마
싹 틔워 저마다의 차지한 고랑마다
파릇하게 넘치던 대견함이
땅속에 단단하게 뭉쳐둔 기대이었지

뿌리에 올망졸망 매달려 나오는
실한 놈 볼 때마다
볼기짝에 묻은 흙 털어내고
부실한 놈 살뜰히 챙기는 보람이었지

고구마 섞인 밥그릇에 투정이 반이어도
미소로 얹어주시던 김치
아궁이 잔불에 묻어둔 고구마 익어가는
겨울밤은 엄마의 품이었지

너를 접목하다

내 생각의 근원은 접목한 너로부터 비롯된다
의지는 잘려 뿌리만 남겨지고
내 의식에 덧대어 꼼꼼히 동여맨 상처에서
네 기억만이 착상될 것이다
그리움 웃자라지 않도록 가지치기하면서
넌 내 뜻과는 상관없이 무성할 것이고
열매는 네 이름으로 등록될 것이다
익어가는 널 보는 것만으로도 흐뭇해질 거고
농익어 떨어진 무관심조차 황송할 것이다
네가 잠드는 계절을 시린 발로 건너며
깊은 잠에서 깨어나실 초조하게 기다릴 깃이다
접목하여 둔 네 생각이
사랑으로 활짝 피는 걸 늘 상상할 것이다

삼류를 상영하다

내 꿈에서 너는 재상영된다
네가 달려와 안겨
입술 포개지는 장면에서 필름이 끊긴다
휘파람의 야유에 대충 건너뛰고 이어진 다음
장소도 시간도 흐릿하다
네가 이별을 말하는지 눈물이 엎질러진다
삼류의 뻔한 축축한 대사를
네 입술 모양 따라 읽다가 꿈이 깨진다
낡은 필름에서 들춰내던 네 웃음이 바닥나면
상투적인 방황의 시나리오
네 표정에서 언뜻 지나가던 사랑의 허무를
흐느낌으로 각색할까

네가 슬어 놓은 알에서 부화했는지
정지된 어둠의 스크린에서 나비가 난다

홍시 같은 날

가을볕 실한 날
시 쓴다고 두통을 앓느니
지인의 단감밭 일손 보태러 간다

바람 불 때마다 얼핏 속살 비치는
단감의 애교
건드리면 터질 것 같이
야들야들 농익은 건 내 차지다

노인이 사탕을 왜 사는지
단 것에 자꾸 손 가는 요즘에야
이해가 되니
살아봐야 아는 세월이려니

품삯으로 받은 농익은 단감 한 상자
감꽃 같았던 아내가
홍시처럼 말캉하게 웃으며 반긴다

웃음의 그늘

공무원 시험에 떨어진 아들에게
다시 시작해보자며
아내가 짐짓 태연하게 웃어 보였다
아들이 머리 빡빡 깎고
훈련병처럼 비장하게 도서관 간 뒤
화장실에서 엉엉 울었다
그늘에 숨겨둔 울음
웃음 뒤에서 아프게 피기에
종종 지나치기 일쑤다

울 엄마도 내 아내도
돌아서서 몰래 우는 모습을
자식에게 들킨 적이 별로 없다

사는 게 다 그렇지

대게는 멀리서 봐야
그럴듯하다

산마루에서 보는 시골 풍경이
황령산 꼭대기에서 보는 야경이
놀이동산에 놀러 온 가족들이

다들 고만고만한
삶의 애환을 감춰두고 있다

기꿈 멀찍이 떨어져서
감추고 싶은 것
굳이 들춰내지 않기로 한다

쥐불놀이

소나무가 제 살 찢길 때마다
배어 나와 엉긴 눈물
관솔불이 그리는 동그란 빛의 궤적
소원 하나 휙
어둠 속에 솟구쳤다가
별똥별이 된다

빛의 꼬리가
차가운 논바닥에 처박힐 때마다
별빛 주워 담던 소년은
깡통처럼 찌그러져
빙빙 돌아가는 노래방 조명 밑에서
'테스 형'만 애타게 찾는다

바보같이

작은누이가 농사지은 사과를 소포로 받았다

뜨거운 햇볕에 얼마나 허리를 접고 폈을지 모를
작은누이와 매형의 공들인 시간이
영근 사과에서 진홍빛 윤기로 자르르하다

작은누이의 안간힘에도
삶의 번듯한 보상에서는 늘 뒷전이었지만
새콤달콤한 정이 아릿하게 배어있다

꼬리표도 달고 사는 헤픈 징
미련토록 제 것 내어주던 버릇 때문에
어설프기만 한 작은누이의 인생이 아삭 씹힌다

분명 자기는 버리기 아까운 것만 먹을 테지…

명성호 선장 김 씨

아스라이 저무는 푸른빛 너머
차가운 베개에 머리를 누이는 시간
불확실이 일렁이는 물이랑에서
순례자의 눈빛을 언뜻언뜻 읽으며
삐걱거리는 바다를 까치발로 걷던 밤배
집어등이 고단한 시간을 밝힌다

생활비에 쫓긴 아비의 뜬 눈에
어른거리는 불빛
몽근짐의 기대를 투망하고 나면
담배 한 모금으로 내뿜는 기도
뻐근한 어깨에 통증이 차곡차곡 쌓인다

가벼운 몸뚱어리들의 출렁거림
다시 짊어져야 할 무거운 삶이겠지만
꿈이 허락하는 한
희망을 좇던 충혈된 눈으로
고픔에 쫓기던 시간을 무겁게 끌어 올린다

정직한 노동을 끝낸 후련함
졸음에 겨운 표정에
안도의 먼동이 번져온다

봉발탑 앞에서 그리움 한 끼

용화전 앞뜰 미륵불께 공양할 밥 한 그릇
소담한 봉발탑 앞에 서니
아랫목에 밥사발 묻어두던 엄마가 생각난다

이불 속에서 발가락으로 파먹던 따뜻한 허기
배부르다며 당신의 밥 덜어
내 밥그릇에 더하던 마음 하냥 그립다

간절함만 고봉으로 담았던 마음
헛배 부른 사랑을 양식으로 삼았으니
이제라도 도솔천에 밥 한 끼 차려드릴 수 있으려나

연꽃잎 시들지 않는 연화대에 받든 발우 치성을
찬찬히 마음에 새기는 의발衣鉢
다시 오실 미륵불 앞에 어머니 극락왕생을 빈다

모퉁이

뭔가 있을 것 같아
호기심은 가려진 그 너머를 상상하고
확인하는 대부분이 실망스러워도
모퉁이에서 쭈뼛거리는 여전한 기대

우연으로 맞닥뜨릴 그 무엇
설령 그것이 남루한 오늘일지라도
어둑한 모퉁이가 환해지면
불쑥 나타날 것 같은 막연한 설렘이다

싫이린 모퉁이 도는 일의 연속
보이지 않게 접힌 안쪽에서
화려한 연애를 꿈꾼다

배꼽

꼭지 잘린 배꼽참외를 들고 킁킁거린다
문득 느끼는 엄마의 젖 내음
지극한 사랑이 건너오던 생의 통로였던
탯줄 잘려 분리되던 날의 불안
옹이로 야무지게 복부에 남겨졌다
꼭지 떨어진 영근 참외에 비하면
얼마나 불완전한 개체였던가
60여 년의 세월이 지났어도 만져지는 통증
그건 그리움이었다
탯줄 아물던 그때가 멀찌감치 있어서
밤마다 엄마의 자궁 속으로 숨어드는 나는
미숙아였다
배보다 배꼽이 더 큰 사랑의 빚
유산으로 남아
자식에게 대신 갚는 중이다

사금 채취

그녀의 눈물
하염없이 흘려보내면
언제쯤
아픔을 다 걸러내
사금처럼 빛나는 결정結晶

수시로 흘려보내는
망연한 기대에
보일 듯 말 듯
겨우 반짝이는 네 진심
언제나
감질나기만 하다

억새 능선에서

나는 당신을 떠나보내지 않았습니다
그저 붙잡지 못했을 뿐입니다
늘 열어둔 쪽으로 그대가 들어서는 그때를 기다립니다
주체할 수 없는 무력감으로 흐느적거리는
설움에 겨운 몸짓이 전부이라서
사랑의 막연함이 허공에 흩어지던 애매함을 용서하세요
묵묵한 기다림으로 이 허전함을 견딜 것입니다
기다림, 그리움, 외로움 무엇이라 불려도
그대에게 존재한다면 살아갈 이유가 되겠지요
희미해지는 것이 아니라 홀로 깊어지는 사랑
그것만으로도 소중한 당신입니다
들녘에서 마냥 나부끼는 손짓이 나의 전부입니다
가난한 계절에 당신을 초대하는 것이 죄라면 달게 받겠습니다
메말라 버석거리는 차마 잊을 수 없는 아득한 이름을
어둠 속에서 되뇝니다

금지된 장난
- 노래방에서 -

어색한 것은
소나기처럼 슬쩍 지나가
순애보는 잠시 잊기로 한다

흘깃거리는 눈길
상상의 야들야들한 살점에
함부로 꽂힌다

당신이 최고야!
마이크에 흘러넘치는
긴 살웃음은 생존수단이다

타인으로 되돌려지는 시간
방금을 삭제하고
지금을 초기화한다

매미 문상객

웃으면서도 울었다
울음 속에 여러 개의 방이 있어서
가끔은 두 개의 방문이 동시에 열리기도 했다
추모하는 방, 의무의 방

울다가 왜 우는지 헷갈리다가
잠시 잊었던 서러운 처지를 떠올리며
넌덕스레 울음을 가로채기도 한다

부조를 오만 원만 내고
술도 밥도 야슥야슥 배 터지도록 먹는
박 씨와 부하직원 4명이 괘씸해서
상주는 눈물을 잠시 잊는다

넋두리로 엮는 인연 속에서
문득 터트리는 울음
먼 친척이 찾아온 이유에 충실하다
장례식장 근처 매미는 밤도 잊고 울어댄다

복숭아 같은

복숭아가 제철 맞아
여름의 표정은 더욱 다채롭다
적나라하게 드러나는
농밀한 관능이 나긋하다
볼 발그레 물든 사모하는 여인은
전화도 꺼놓고 자취를 감췄다
보드랍던 살결에 입술 맞추었던 밤은
복숭아 맛이었다
꿈꾸는 방을 예약하려 하지만
발신음만 기약 없다
청도에 그 여인
행방이 몹시 궁금하다

보편적 연민

설렘을 주체할 수 없어 애인이 되었고
미래를 약속하며 부부 되어 닮아
편한 동무로 덤덤해졌다
서로의 마음이 심드렁했다가도
세상이 발길질할 때마다 동맹군처럼 싸웠고
사소한 갈등에 등 돌려 목석이 되었다
사랑의 기대가 시들해져 지루할 때마다
가려운 등만 시무룩이 내밀며
찬밥 되어 설컹설컹 씹히다가도
서로의 처지를 뜨거운 곰탕처럼 후루룩거렸다
함께 살아 낸 세월이 기특해서
눈감아주는 체념이 관절염으로 도질 때마다
구박에 시달린들 어떠랴
한밤중 일어났다가 들리는 코 고는 소리에
안심되어 다시 청하는 측은한 잠 속으로
파랑새 사부자기 날아든다

동래보건소 간호사 K

지독하게도 뜨거운 한낮
검역을 피해가지 못하는 바람 한 점이
비장함을 부채질하고
방호복이 유일한 수단이 되어
불확실과 연대한 두려움을 버티며
피곤함에 젖는 것도 모른다

쉴 틈 없이 밀려드는 인파
음습한 콧구멍에서 채취하는 증거들이
판결을 기다리는
불안한 눈빛으로 늘어서면
누적되는 피로보다 가중되는 책임감에
종아리가 퉁퉁 붓는다

조잘대는 아이의 응석조차 버거워
이내 든 단잠 속에 나이팅게일 훌쩍 날아들어
머리맡에 물어다 놓는 무의식의 사명감
일상이 된 그녀의 초주검 덕분에
코로나19의 기세가 한풀 꺾일 것이다

작전명 – 밥 한번 먹자

코로나19가 점령한 도심
몇 명의 시인들이 어둠 속으로 흩어져
저녁 식사 자리를 확보한다.
은밀하게 침투조를 짜고
서로의 친분은 철저하게 위장한다.
몰살의 위험을 피해
서로의 거리 두기는 필수이다.
무언無言의 건배가 눈빛으로 건너가고
흔적은 남기지 않는다.
대기조가 특공조와 임무 교대를 위해
진지에 투입된다.
체포되어 심문을 당해도
아군의 위치는 절대 입 다물어야 한다.
인사치레의 빈말
"밥 한번 먹읍시다"가 저격당한다.
시민군들은 배달된 전투식량을 먹으며
참호 속에서 웅크렸다.
곧 백신의 대규모 공급이 이뤄지면
상황은 역전될 것이다.

제3부

꽃길 모퉁이

바람꽃

꽃잎 몇 장이 전부인 생
우연으로 뿌리내려
용쓰며 일어설 때마다
설렘으로 환해지는 얼굴입니다

선연하게 펼쳐 보인 한순간이
풍장을 기다릴 때도
표정은 한결같아
기약 없이 접히는 빛깔은
선명하게 남습니다

'다시금'이 예문으로 남아
바람결에 나붓거립니다

아침 연밥

뜨거운 햇살에 연밥마다
까맣게 타들어 가 영근 묵언
아직 갈맷빛 찬연한데
향기의 무게도 못 견디는 꽃잎
마음 부릴 곳 없어
이슬 한 방울 아낀 연잎에서
아침을 닦고 있다

정화수에 찰랑거리던
어머니의 기도가 닳고 닳아
연밥에 반들거리는 손때
겨운 생의 한 페이지가 접히면
자꾸 꺾이는 모가지
이슬 한 모금 음복으로
당신의 목멘 설움을 씻는다.

고봉밥 담지 못해도
콩알 하나라도 더 얹어주려던
그 마음이었을까

아쉬움 알알이 박혔다가
예순 넘긴 아들 물컹한 가슴에
후드득 떨어진다

서운암 야생화

선착순으로 분양받는 비탈 꽃밭
더부살이 눈감아주는 선량함이 넉넉해
하분하분 갓 씻은 담홍빛
초록의 홑청에 꽃물로 번진다

알음장으로 익혔던 정
금낭화 꽃등에 밝혀두었으니
같이 핀 시인의 마음
가벼운 소원 품고 돌탑에 앉는다

귀에 닳은 목탁 소리 쓸쓸하게
귀엣말로 남겨놓은
기척 없는 꽃 잔치의 속사정
묵힌 된장처럼 기다림이 발효된다

16만 도자대장경 품은 장경각
불심의 겁을 계승하는 경외의 눈매
황매화 꽃잎 박수가 흐드러지니
감로수에 차란차란 푸른 하늘이 넘친다

야생화

출생신고도 못 한 저것들이
제 이름도 쓸 줄 모르는 저것들이
있는 줄도 몰랐던 저것들이
마구잡이 제힘으로 자란 저것들이
은유도 모르는 순진한 저것들이
사랑이 뭔지도 모르는 저것들이
누구에게 배웠는지도 모를
교태를 부린다

향기 흐드러진 들판에서
나 잡아 봐라
시인은 난감하여 오도 가도 못 한다

개구리밥

웅덩이에 세 들어온 개구리밥
밤마다 무슨 짓 하는지
퍼지른 새끼들로 어느새 방이 비좁다

물에 말은 눈칫밥에
물배추 서너 잎이 고작인 반찬
어린것들은 초록 색깔 똥만 싸지른다

떠밀리며 살아온 날들이 서러워
뿌리 내리지 못한 가벼운 소원 두둥실
개구리울음이 청승맞다

낙화

비 내리는 날의 얼룩
당신의 이름 위에 번졌습니다

행려병자의 안색으로 떠나던
목련의 꽃잎처럼
다 펼쳐 보인 허허로움으로
허물 벗습니다

'어쩌다'로 요약된 관계가
시나브로 이울어
접어야 할 무심한 순간에도
미련의 꼬투리는 선연합니다

섣부른 예감에
낱낱이 밝히지 못하는 속내
당신을 차마 지울 수 없어
내가 지워집니다

마침내 느낌표로 떨어집니다

분재

더딘 성장을 위해
철사 동여맨 뭉툭한 관절마다
퇴행의 뒤틀린 통증
압축된 세월이 욱신거린다

직립의 의지는 가차 없이 자르고
관음을 위한 눈요기만 남긴
기묘한 체위에 몰두하는 변태적 가학
길듦을 거부할 수 없다

고통에 적응하는 힘겨운 투쟁이
지극한 돌봄이란 세뇌를 위한 전제로
거세당한 본질의 욕구가
손바닥만 한 땅에 억류되었다

사랑의 지루함을 나누어 가진 채
서로 다른 방향으로 구부러져
왜곡된 실체
생략된 시간의 마디가 부푼다

삐죽삐죽 간섭당하지 않고
능력껏 살아가는 세상을 동경하다가
잘려나가는 것들
강제되는 순응이 눈물겹다

동백섬 인어상

뭍으로 올라
숨 참던 오랜 기다림이 퇴적되었다

바람을 물결 삼아
바다에 맡긴 끝자락 애오라지 젖고
이따금
짙은 해무로 밀려오는 아득함
미련에 붉게 물든 마음마저 지우면
더 깊어지는 고독이다

인어상 어두운 귀에 들리는
동백꽃 떨어지는 소리
갯바람 앙가슴 스칠 때마다
가쁜 숨결 향기롭다

채송화

오지랖만 넓어서
자기는 흙바닥 뒹구는 줄도 모르고
줄줄이 매달린 동생들 챙기면서
늘 방끗거리는 누이

너 먼저 눈에 띄라고
제 키 낮춘 수더분한 속내
장미, 백합으로 뽐내며 피라고
뒤치다꺼리의 잔정 도톰하게 깔았네

자기 가진 것 아낌없이 주고도
마음 밑바닥까지 들춰내어
겨우 이것뿐이라는 착한 웃음
채송화 피면 내 누이 보듯 하겠네

꽃 진 자리마다
종지에 자잘한 씨앗 소복하게 담아 둔
애살스러운 보살핌이네

도라지꽃

그녀는 손톱을 감추고 살았다
도라지의 껍질을 벗겨낼 때마다 이마의 주름은 덩달아 깊어졌고
드러난 희뿌연 속살은 숨길 것 없는 가난이었다
매니큐어 대신 칙칙한 도라지의 진액이
손톱 밑에 부끄러움으로 엉겨
사람들이 모인 곳에선 손가락을 옹그리고 있어야 했으니
벗겨내고 싶은 것이 어찌 가난뿐이었을까
품삯에 딸려오는 도라지를 무쳐 알싸하게 씹을 때마다
굽은 손마디에 밴 관절통은 무시로 욱신거렸지만
도라지 뿌리처럼 실한 아들과 도라지 꽃대처럼 늘씬한 딸의
결혼식장에서 모처럼 환하게
남색 치마저고리 차려입고 손 끝마디 옹그린 채
도라지꽃처럼 벙긋벙긋 웃었다
세상 시름을 벗겨내다가 인생 주름 깊어져
남색 짙은 하늘빛인 줄도 바다 빛인 줄도 모르고
하늘하늘 웃음꽃 피운 순박함이었다

점심 공양

서운암 보듬은 영축산자락
볕 잘 드는 곳에 좌선한 장독마다
숙성된 기다림이 골막하다

부처의 마음 담겼으니
중생들 건강한 밥 한 끼가 구도이려니
장독마다 공들인 정성
햇살의 닳은 무릎이 반들거린다

산나물 조물조물 간 맞추고
깊은 맛 그윽한 된장국
곁들인다면 너른 뜰에 들꽃 향기
공양보살님의 미소도 빨갛게 비벼진다.

평안한 마음 깔고 앉아
야생화 들여다보자니 시 한 줄 읽히고
영축산, 천년을 섬긴 산채山菜
한 끼의 공양에 보시의 뜻 담는다

8월의 배내골

뜨거운 햇살
붉은 과녁에 명중할 때마다
바람은 화들짝 놀랍니다

껍질조차 벗은 민망함에
벌겋게 달아오른 배롱나무
제 그림자 그늘에 욱여넣습니다

사소한 흔들림에도 생각난 듯
싸리꽃 향기 일렁이면
범부채꽃 몹시 몸살을 앓습니다

더워 죽겠다는 흰소리의 푸념
제풀에 지친 매미가
둥치에 벗어두는 여름 한 철입니다

땡볕에 풋고추 조금씩 약오르다가
소나기에 한결 견딜만해 지면
호박꽃 꽃자루가 두툼해집니다

어둠 내리면 가지산 코 고는 소리
계곡에 잔잔하게 흐르고
배내골 반딧불이 야경 돕니다

아침이슬

배고픈 것들을 위해
동냥젖을 물리려
산등성이 밤새 걸어오셨으리

위탁모를 기다리는
아이들의 맑은 눈동자 보다가
남모르게 젖는 소맷자락

여린 것들을 키워내기 위해
젖몸살 참아내며
글썽이던 눈물이었으리

화인花印

무아의 경계에서 일렁이다가
부풀던 한계에서
마음 겨운 날들이 접힌다

열정 시든 걸 알기에
이젠 바람 불어도
눈웃음 짓지 않기로 한다

환생의 언약에 화인花印 찍고
머뭇거리는 잠시
비밀은 향기로 멀어지고
붉은 울음, 벌써 대문 밖이다

꽃잎 몇 장
선명하게 남기고 투신한 한 시절
벗겨진 꽃신
어제의 기억으로 오도카니…

능소화 지던 날

소나기에 능소화 떨어지는 걸 보며
괜스레 먹먹해지는 날
꽃 몇 송이 진다고 인생이 더 허전하랴만
마지막에도 짓는 저 환한 표정
홀가분하게 털어낸
진심으로 살아온 날들이
빗물에 꽃등 떠가듯 흘러간다

사랑으로 머물렀기에
서럽지 않은 담담한 이별
내 마지막 순간이
저렇게 내려놓을 웃음이라면
마냥 헤퍼도 좋겠다

강아지풀꽃

손안에 살며시 쥐고 조물닥거리면
움찔거리는 간지러운 이름
강아지처럼 살갑고 보드라운 감촉
사랑스러운 느낌이 아마 이랬을 거야
자꾸 달아나려는 설렘
하늘거리는 몸짓으로 이지렁을 떨었지

장난 속에 감춘 진심
금방이라도 재채기할 것 같아
쥠쥠, 어르고 달랜 외사랑
세월의 콧등만 간질이던 숙맥이
솜털 하얗도록 두근거리기만 했었지

추억을 산책하다 보면
쪼르르 달려와 반기니 어쩌지도 못하고
늙지도 못하고…

불갑사의 여름

절 마당 배롱나무 일찍이 소신공양
불갑사 휘둘러 핀 꽃무릇 어찌하나
후림불
옮겨붙을까
퍼붓고 간 소나기

달맞이꽃

설핏 꿈에 들었던 초저녁
개구리 울음소리 가득한 저수지를
소금쟁이처럼 건너던 달빛
노랗게 무너져 내리는 둑방에서
새치름 눈을 뜬다

외로움의 언저리에서 까무룩
제 몸 사르는 순간
사무치게 터지는 꽃망울
부질없는 것들은 모두 어둠이 되고
내건 꽃등에 심지 돋으면
어슴푸레한 그리움

자오록한 새벽 물안개에
밀회의 한순간이 함초롬하다

제 4 부

사색의 모퉁이

돌이켜보니

열심히 살아왔다고 자부했건만
열심히는 온데간데없고
'살아왔다'만 남았다

후회 없이 사랑한다고 했건만
사랑한다는 온데간데없고
'후회 없이'만 남았다

좋은 시를 쓰고 싶다고 했건만
좋은 시는 온데간데없고
'쓰고 싶다'만 남았다

행복하게 살고 싶다고 했지만
행복하게는 온데간데없고
'살고 싶다'만 남았다

'살고 싶다'에 밑줄 쫙-

네 죄를 알렸다

음흉한 눈빛이 덥석 뒤에서 껴안고
묘한 숨소리가 귓불을 깨물면
'씨발씨발'하면서 하는 수 없이 열린 꽃잎
꽃 떨어진 자리에 '미투미투'하면서 가시 돋았다
'두 개의 바위틈을 지나 청춘을 찾은 뱀과 같이'
아담의 원죄가 까발려졌다
이 천형을 어찌하랴
불려 나갈 광야엔 숨을 곳도 없는데

제 손에 쥔 돌멩이에 이마를 찍힌 핏빛 얼굴들이
착한 표정으로 죄를 묻는다
네 죄를 알렸다

조마조마한 나의 죄가 행적을 지운다

비싼 몸값

천만 원대 분재
기묘하게 뻗은 가지에 겨우 두 뼘 키인데
고급스러운 기호에 맞추느라 뒤틀린 작은 몸통엔
강요된 한 폭의 운치가 번드르르하다
이 몸값을 위해서 송두리째 저당 잡힌 자유는
얼마큼이나 헐값이었을까
남달리 뛰어나야 한다는 요구에
늘 웅크려 순응해야 하는 지독한 강박
요즘 감정 표현하는 법조차 학원에서 배우는
아이들은 성형된 꿈에 매도된다
삶과 맞바꾼 비싼 몸값은 누굴 위한 걸까
날조된 허상의 묵인 속에 노란 승합차는 경쟁적으로
학원이란 폐쇄된 공간으로 인질들을 실어 날랐다
창밖으로 삐죽삐죽 고개 내민 궁금증은 여지없이
가지치기를 당하고
오직 경쟁에서 이기도록 설계된 제안서엔
양심의 가책 없는 승리로 폭등할 몸값이 적혀있다

꿈에 매몰되다

단단했던 결심이 무너진 허무의 공간
생채기의 모서리가 예리하다

깜깜한 자폐의 동굴에서
눈물방울 받아 마시며 거꾸로 자라는 희망

의지를 종유석처럼 쌓는 억겁의 시간 속
아득한 높이에서 새어드는 희미한 빛을 잡기엔
팔이 너무 짧아 어깻죽지가 뻐근하다

숨 쉴 때마다 폐에서 그르렁거리는 울음

무기력한 체념의 벽을 파헤치는 맨손에
생혈生血이 돋는다

나는 상상하려 하오

하룽하룽 지는 꽃잎을 보며
떠난 연인의 입술을 기억하려 하오
잠결에 듣는 빗소리에서
그리운 이의 속삭임 들으려 하오
호젓한 들길에 핀 꽃을 보며
사랑스럽던 네 미소를 떠올리려 하오
철 지난 바닷가의 해조음을
네 숨결인 듯 품에 안아 재우려 하오
풀잎에 맺힌 이슬 한 방울에서
글썽거리던 너의 눈물을 보려 하오

그것마저 죄가 된다면
차라리
한겨울 차가운 새벽 별빛에
찔려 죽고 말겠소

검푸른 고뇌

수평의 끝으로부터 밀려오던 오염의 경고에도
손쉬운 한 끼 식사와 암울한 미래를 맞교환하며
바다에 무단투기했던 쓰레기들
죽음을 허락받지 못해
부패하지 않은 시신으로 백 년을 떠돌던
하찮은 것들의 반란은
은밀하게 오래전부터 진행되었다

미끼가 되어 삼켜진 라면 봉지가
거북의 마지막 숨통을 막아버리고
멋모르고 삼킨 플라스틱 조각들 때문에
불임에 시달리던 바다를 구조하기 위해서는
과거와 미래를 망라하는 신성한 숨소리로 껴안은
넘실거리는 지금의 경고가
내 한 손에 들렸던 일회용 용기에 저장되었음을
고백해야 한다

불멸이란 가혹한 형벌
썩어 처음이 되는 자연의 약속을 외면하여
물이랑에 떠도는 문명의 잔해
뱃전에서 무책임하게 철썩거린다

우아한 허기

하나도 배부르지 않은 고급스러운 식사를 하는 간간이
맛이 아리송한 값비싼 와인도 한 모금 우아하게 머금고
품위 있게 경멸할 줄 아는 대화에선 장미꽃 향 은근해
재채기가 목구멍에서 간질거린다

수직으로 선 것에 대한 경외로 납작 엎드린 창밖 야경
꿀꺽거리는 긴장을 소리 없이 삼키며
우월의 높이에서 아랫것의 신분을 잊는 잠시
진창을 걸어온 신발이 눈에 밟혀
접시 위 앙증스러운 쇠스랑이 갈피를 잃는다

까닭 모를 허기로 돌아오는 길에 순댓국 한 그릇
뜨거운 국물을 소리 나게 후룩 마시면
그제야 편안해지는 위장 오그라들었던 손발이 자유롭다.

몰염치에 대한 비망록

찌푸린 눈살마다 암갈색 커튼을 친다
선량한 결심은 욕심의 군것질로 무너진다
변명은 강아지처럼 너스레로 안기고
아부로 팔랑거리는 꼬리가 꽤 다정하게 흔들린다
양심의 바닥을 긁는 소리에 탐욕의 허기가 동하면
이기심은 부풀고 거짓 표정은 해맑다
위험한 소문을 땅에 묻고 선량한 눈빛으로 베푸는
푼돈의 자선은 과장되었다
진실을 재갈 물리고 연신 떠드는 거짓의 혀에서
독버섯이 자란다
기고 넘치는 술수에 자지러지는 순박한 추종 앞에서
위엄은 분명한 경고의 표시이다
익명으로 차명으로 빼돌린 전리품을 금자탑 쌓고
위장한 겸손이 악수를 남발한다
뻔뻔한 시치미로 입맛 다시는 걸 묵인한 대가로
던져진 뼈다귀를 핥다가
길들여진 체념의 정수리에 칼이 꽂힌다
세끼 걱정하는 외딴섬에 유배를 선고받는다

우화羽化를 꿈꾸며

매끄러운 면에 생긴 균열
틈이 생기고
느슨해진 내부가 술렁거렸다

풍문의 뾰족한 끝이 수시로 박히고
단단했던 믿음에 스미는 불신
적극적인 적대감이 편을 가른다

고착된 습관은 방심의 허를 찔러
맹목이 깨어지고
벌이진 틈새에 깃속말이 난립한다

비밀이랄 것도 없는 비밀이
등껍질을 벗을 때까지
정체는 점차 애매해진다

우화羽化 되기까지는
반기는 박수를 미루기로 했다

시답잖은 시

우연히 명함 주고받은 시인에게서
시를 보내줄 수 있냐는 카톡이 왔길래
반반한 시 두 편 보냈더니
암호가 가득한 시가 답장으로 왔다

또 시를 보내 달라는 카톡이 와서
신경 쓴 시 한 편 보냈더니
글이 아닌 시를 보내 달라고 한다

그 후부터 詩는 詩답잖고
글에는 암호가 끼어들기 시작하니
글과 시가 뒤엉킨다
그 시인의 전화번호는 차단되었다

착상

일회용 라이터의 불꽃에서
손쉬운 느낌이 발화하는 걸 지켜보는
구석기 시대를 사는 노시인
손에 든 부싯돌의 표정이 난처하다

번쩍거리는 순간들을 모아둔
생각의 보푸라기에서 연기만 모락거릴 뿐
쏘시개에 옮겨붙지 못한 감흥
부딪친 단어들의 빛이 순간에 흩어진다

바짝 마른 감성에
불벼락 떨어져 점화되길 기다린다

고래, 부활을 꿈꾸며

선한 눈을 들여다보며 작살을 등에 꽂던
반구대 암각화에서 뛰쳐나온 표적이 아니라
바다의 꿈을 설계하는 좋은 이웃이 되어
포경의 공포로부터 해방되길 진즉부터 원했었다

탐욕이 자초한 불임의 바다를 잠시 떠나
자유롭게 바다 곳곳을 누볐다가
새로운 관계의 경험을 안고 돌아오길 기다려
네 살점에 입맛 다시던 과거와의 결별을 확인해야 한다

울산 앞바다에서 닮은 꼬리지느러미를 봤다는 풍문에
서둘러 수평선 너머의 미래를 추적하다가
뜻 모를 음절에서 소통의 부호를 찾는 고래와 만나기라도
한다면
지금까지의 고의적인 살의를 용서 구해야 한다

동해에 붉은 태胎를 삼킨 신성함으로
허파를 가진 무리의 무례한 환호를 의식하지 않고
푸른 여백의 어디쯤, 분기공에서 쏘아 올리는 무지개
어쩌면 부활의 선언처럼 읽히지 않을까

대화하는 돌멩이

강가에서 수석 찾기에 골똘했던 사내가
이런 오묘한 표정 짓기까지
얼마나 오랜 시간을 자신과 다투면서
불과 바람과 물의 결로
달이 뜨고 꽃이 피도록 돌에 새겼었는지
자랑하는 돌멩이를 본다

한때 거대했을 암석 부서져 굴러다니며
이리 치이고 저리 치인 굳은 표정에
서로의 모서리를 받아 준
희미한 미소 저렇게 새길 수 있다닌
너처럼 살아도 좋겠구나 한다

귀가를 재촉하는 아내의 잔소리가
급한 물살에 부딪히는
잔돌 소리로 까랑까랑하다

수수밭에서 동학을 기억하다

척박함에도 우질부질
뿌린 대로 거두는 순박한 믿음으로
가냘픈 생을 일으켰다

제 한 몸 혹사당하는 것도 모르고
정직한 노동으로 소원의 깃대를 세워
땀방울 시붉게 익어 가면
잠시 가난을 잊고 풍요로워진다

추수의 때를 기다리는 탐욕이
숫돌에 날카로움을 벼리는 소리를 들으며
머리를 조아려
참수의 두려움에 바투 모여 세우는 창
싹둑싹둑 모가지 잘린 분을 못 이긴 하소연이
수수 떡시루에서 검붉다

수숫대, 선혈 묻은 창이 되어
농민의 울분을
동학의 기억을 되새김하고 있다

백팔번뇌

끊임없이 부스럭거리는 마음에
염원의 애타는 기도
업장 소멸로 마음 비우려 하니
번뇌가 꿈쩍 않는다.

마음을 다잡아 합장해도
속세에 뿌리내린 정 하나에
고요가 흔들리는데
벗어둔 신발에 둔 잡념 흘깃
무상무심이 요원하다

무욕無慾이란 얼마나 마음 닦아야
다다를 수 있고
하심下心 또한 얼마나 나를 낮춰
행복을 비교하지 않을는지
절간 빗자루처럼
매일 마음을 쓸어도 먼지만 날린다

상념의 모퉁이

어긋난 모서리에 빈틈
서낭당 돌탑에 얹을 돌멩이로 눌러놓는다.
삐죽 튀어나온 철근
위험한 상상엔 웃음을 걸어두기로 한다.
흘러내리는 벽
'월세 구함' 너덜거리는 쪽지가 매달린다.
불길한 소문의 뒷면
팔랑거리는 부적을 붙인다.
어둠이 접히는 구간
전봇대는 지린내에 저려있다.
모퉁이에 희미하게 듣는 울음소리
달빛 희미하게 근조등謹弔燈으로 걸렸다.
알 수 없는 것들이 서로 아는체하며
속사정을 곁눈질하다가
눈치껏 불운한 처지를 무단투기한다.

모방

무명은 유명을 모방하고
후진은 선진을 베껴오고
짝퉁은 진품을 복제하고
미얀마는 광주를 재현하고
성형외과는 젊음을 복사하고
열등은 우등을 흉내 내고
학생은 답안지를 베끼고
낭만은 쓸쓸함을 빙자하고
사랑은 끝장 드라마를 연기하고

내 아들은 가난을 답습하고
나는 아버지를 닮았고
남의 행복을 베끼다가
나는 사라지고
베낀 내가 재생돼요

원본은 파기된 지 오래입니다

옹이의 무늬

전통찻집에 놓인 나무 탁자
찻잔에 부딪힌 옹이 무늬가 움찔 놀란다

곁가지 분질러질 때마다 몸으로 받아 낸
생살 찢던 고통의 파문
나뭇결에 고스란히 새겨진 연대기에서
끝내 오르지 못한 하늘의 방향을 읽는다

여울진 문양에서 발견하는 아픈 한 때
옹이의 통증은 견고해서 톱날도 힘겨워하고
드러난 무늬는 더 아름다워 애틋하다

숱한 옹이로 마음결에 각인된 상처
누구에게도 말하지 못할 아픔이
생의 무늬로 더 또렷하게 새겨진다

수취인 불명
　- 발 없는 말 -

아무개 둘째 딸이 시집을 갔을 때 데려간 강아지
여러 마리 새끼를 낳아
아파트 주민들이 시끄럽다는 원성으로
쫓겨나듯 이사를 해 전원주택으로 갔다고 하고
발 없는 말이 이 소식을 싣고 천 리를 가다가
배고플 때마다 꼬리 잘라 먹고
다리 뜯어 먹고
귀, 코 베어 먹고
머리는 삶아 먹고
뼈까지 고아 먹고
결국엔 아무개 둘째 딸이 강아지를 낳아서 쫓겨났다는
정체 모를 소문의 발굽만 남았다
빨갱이가 천리마를 타고 곳곳을 누빈다는 풍문
뼈다귀로 굴러다닌다.

프레임에 갇히다

우르르 건성으로 다녀가는 무리
김치 치즈를 연발하며 피어나던 미소가
즐거움을 인증한다

카메라만 들이대면 행복하게 변하는 표정
헤살거리는 순간이
사각의 틀 안에서 더욱 곰살궂다

한 컷을 노리는 눈매가 날렵해
배경을 선점하여 내게 고정하는 초점
찍을지, 찍힐지 두서없다

노을을 배경으로 놓으니
저무는 하루가
사부자기 사각 안으로 들어왔다

허깨비

고상한 취미로 쏘아 올린 폭죽
잠시 얼굴이 환히 빛나
환호에 솔깃해진 환상이 명멸하고
조잡한 찬사에 우쭐한다

몽롱한 의식은 검색창에서 허우적대는데
정체 모를 꽃다발은 오가고
영광된 이름이 불릴 때마다 지화자
술병에서 허깨비가 익사한다

눈에 띄기 위한 안간힘
추임새의 장단에 얼빠져 놀아나니
뱅글뱅글 어지러워도
글품보다는 발품이 좀 더 쉽다

뚝딱
붕어빵틀에서 시가 구워진다

제5부
시선의 모퉁이

부전시장 콜라텍

초승달로 그린 눈썹
주름은 화장으로 지우고
파마로 부풀린 빈약한 머리숱
입술엔 진달래가 피고
입가엔 개나리 미소 보일 듯 말 듯
마음엔 목련도 벙끗
시장 한구석 콜라텍에
늙수그레한 봄바람 부는 중
나이도 서러운데
손 한 번 집혀 뺑뺑이 도는 게
뭐 그리 책잡힐 일이라고…
꾸부정했던
노년의 허리가 꼿꼿해진다

을숙도의 밤

허기를 쪼아대던 철새들이
허술한 둥지 찾아
잠시 북적거리는 하구河口
낙조의 끄트머리 내걸리는 불빛에
찰랑거리는 물결 위로
오늘의 고단함을 뉘는 바닷바람
불침번은 갈대의 몫이다

철새가 접은 깃에 얼굴 묻고
말뚝잠 송그려 청하면
엽낭게*가 은밀한 몸짓으로
생의 신성함을 기록하는 잠시
뭇 철새들의 야영지인 을숙도는
겨울밤의 황량함을 견뎌낼 것이다

* 엽낭게: 모래톱에 무리를 지어 살며 모래를 입에 넣은 뒤 먹이를 섭취
하고 모래는 뱉는 게의 종류

통도사 대웅전에서

진신사리 모신 금강계단
수계의 차례 기다리는 경건함으로
잇대어 맞댄 듯한 처마의 선
대웅전 지붕 처마 끝에 날아갈 듯 모인다

바람결 닿고 닳은 꽃살문 꽃송이
한결같이 피워낸 천년
소맷돌에 핀 연꽃은 향기마저 놓아버린
비움의 뜻을 받들고 있는 걸까

세월에 씻긴 수행으로
색 바랜 단청은 노승처럼 인자해서
아득하게 깊어지는 눈빛
경망스러운 마음이 차분해진다

7월 햇살이 비늘처럼 빛나는 구룡지
스님께서 용 한 마리 키우는 까닭
처마 끝 풍경의 명징한 울림에도
중생들의 헤아림은 턱없고
영축산 자락 푸르름이 넉넉하다

갯벌에 억류되다

바닷가 드난살이
엎드려 살아온 억척스러운 날들이
질척한 가슴팍에서 후벼 파는
한 톨의 희망

투박한 어진 마음에
따개비로 엉겨 붙는 간절함
쏘삭질 찜부럭에
굳은살 박인 세월 어쩌지 못해
멈출 수 없는 호미질
닳아버린 굽은 등에 업힌 생이다

미세기에 의탁한
몸에 밴 고단한 삶의 짠 눈물
숨기는 건지
캐는 건지 모르는 한숨에
옷고름 푸는 갯벌
마른 젖꼭지를 아프도록 빨아도
늘 허기진다

몰운대

얼마나 아련한 몸짓으로 서성거렸으면
반질반질 닳았을까 싶어
몰래 펴 보이던 빈손에 슬며시 쥐어주던
푸른빛의 애살스럽던 찰랑거림
그 공감에 시름 잊는다

붉은 노을 써레질하며
충혈된 눈에 성실한 하루가 저물면
운해雲海 덮고 잠드는 몰운대
스스로 일어나/끼긴
누구도 섣불리 깨울 수 없다

파도에 씻긴 세월의 모서리
태고의 비밀을 은연중 엇비치면
몰운도沒雲島
운해 속에 둥실 떠오른다

무풍한솔길을 걷다

8월의 무풍교 건너
통도천에서 새끼발가락 닦는 영축산
발바닥으로 다진 무량한 공덕
바람 한 줌의 탁발도 허투루 하지 않았을
고고한 기품이 무풍한솔길을 연다

굽어지고 휘어진 다양함으로
곡선의 우듬지에서 열리는 하늘
솔잎의 푸른빛 박히는
바로 선다는 게 우뚝한 것만은 아니란 일침
생의 옹이마다 몸 비틀어 안는다

솔향 번지는 그늘 골라 딛자니
천년의 순리로 요약해 놓은 쉬운 설법
모서리 닳아 둥글게 반기고
땀방울 씻는 물소리에 흘려보내는 하심下心
길은 또 저만치 물러난다

영축총림 무심의 문턱 넘어서려니
하늘빛 건너는 삼성반월교 휘돈 실바람
경境의 실금을 지운다

재개발지구

다정한 안쪽을 비운 침묵의 거죽만 남아
미이라가 되어 가는 동네
부러진 밥상에 오후가 차려지고
휑한 마루에 앉은 그늘의 표정은 쓸쓸하다
거미줄에 걸린 무료함이
바람의 젓가락질에 출렁거린다
곧 송두리째 들어낼 환부에서
멋모르고 핀 제비꽃이 날개를 다듬다가
사라진 이웃을 궁금해한다

밤은 노숙자처럼 찾아올 것이다
꿈꿀 시간은 아직 좀 더 기다려야 한다

바다에서 지금을 설계하다

어지러운 파랑 위에 눈부신 윤슬
출렁거리는 어깨엔 젖지 않는 날개가 돋아
거친 군마의 말굽에서 튀는 물보라를 거느리고
원인 불분명한 부침의 근원을 수색해도
은신처라야 시선이 닿지 않는 수평선 너머
착각의 허상뿐이다

무장 겉돌기만 하는 방언의 말문이 틔었던
어림잡기의 희망적인 예언도
막연하고 지루하긴 매한가지여서
놓아버리는 멀미뿐인 동요
정처 없는 써레질로 쪽빛을 밀어내고도
다시 붓질하는
말간 표정의 가벼운 실랑이가 두서없다

난민처럼 표류하던
기록 남기지 않은 투쟁의 연대기를
지루하도록 되뇌는 바다에서
어쩌다 음표 하나 물어 나르는 물새라도 만난다면

자폐의 응시로
쏟아져 내리는 하늘을 서슴없이 사랑하여
푸른 혈류에 흘려보내던
생생한 소원의 증언을 부탁해야 한다

물때를 읽어내던 늙은 어부漁夫의 직감이
고전적인 희망을 관측하며
어군탐지기 밖에서 아가미를 여닫을 때도
상상을 교합하는 맥놀이로
예시뿐인 미래믈 잉대하는 자궁에서는
생명의 발길질이 활발할 테니
어창을 기웃거리는 오지랖의 비린 만족은
파도의 칭얼거림을 기꺼이 업어 키우며
진행형의 기회를 엿볼 것이다

광안대교

낙타의 행렬 이어져
석양에 물든 사막 능선을 횡단한다
어둠이 내리면
푸른 모래 위에 별빛 점멸한다
행렬의 꼬리를 문
낙오되지 않으려는 본능이 출렁인다
오아시스의 휘황한 불빛 잡힐 듯
첨벙, 누군가 신기루 속으로 투신한다
푸른 모래에 발을 묻은
구부러지지 않는 무릎에서 별이 돈다
사막은 어둠 저편으로 이어져 있다

용궁사

일주문 안에 부처님께 드리는 기도가
파랑波浪으로 쓸리고 있다

깨우치지 못한 마음의 결에 부딪혀
죽비처럼 어깨를 때리는 파도
웅비를 꿈꾸는 용의 비늘로 윤슬 빚어
우매한 소원을 탁발하고
영월당迎月堂 머무는 온화한 달빛에
어지러운 발자국 정돈하는 밤이면
'언젠가는 좋은 날도 있겠지' 하는 자위적 묵상
노래비 앞엔 목멘 후렴구만 수북하다

백팔번뇌 디뎌 용문교龍門橋 건너면
목어木魚들이 수면 아래에서
허언을 부레에 주워 담는 간간이
연화리 해녀들의 업業 씻는 숨비소리
시랑대侍郎臺 너머
붉은 점 하나 찍으니 동살로 번지려나

우울의 편식

서면 영광도서 한 귀퉁이서
박인환의 페시미즘을 음미한다

수시로 고쳐 쓰는 문장엔
열등의 가난한 식탁이 차려지고
매번 같은 밑반찬인 염장된 기억들
낮술로 허기를 때우면 핑 도는 취기로
잠시 암전되는 궁핍이다

불확실의 표상들이 시집표지에서
슬픈 눈빛으로 동의를 구할 때마다
익숙해지는 외면
무명시인은 행려병자의 무덤에 눕는다

흘낏 염탐당하는 문구들이
명성名聲의 바깥쪽에서 떨이로 엮여
묘비명으로 줄 서는데
국화꽃 같은 손에 들린 명품가방
우아함으로 배회한다

미얀마의 봄

우리는 안다
두들겨 패는 피의 광기가 어디에서 오는지
목숨 건 투쟁이 얼마나 위험한지
죽음으로 다시 일어서는 자유가 어디에서 오는지

우리는 방관한다
그물 안 멸치 떼처럼 휩쓸리는 군중이
핏빛으로 쓰러지는 절실함을
더 적극적으로 숨통을 끊는 무자비함에
후림불로 타오르는 외침을

우리는 과거형으로 서술하고 있다
지구촌의 관심에서 멀어지는
가엽고 안타까운 희생
미얀마는 현재진행형으로 진술하는데

하수인과 군중만이 피해자가 되는 전장에서
죽음을 선동하던 부패한 권력의 광장에서
총칼 앞에 쓰러지던 광주는 아픈 동지이다

실없음을 위하여!

명륜동 지하철역 앞 허름한 보쌈집
참가자들이 '역전 앞'이 맞는지 '역 앞'이 맞는지 꿍얼대며 앉는다.

수육 한 접시 발제자로 중앙을 차지하고 새우젓은 좌장으로 어떤 질문도 다 삭여낸다.
푸성귀와 마늘은 막걸리와 토론을 맡는다.

발제는 민생고

부들거리는 수육 한 점이 세상 거슬리는 것들의 원인을 제시했다.
좌장인 새우젓은 귀한 몸값을 하는지 종지에 있는 척만 하고
막걸리가 '위하여!'로 토론을 이끈다.
나라 살림을 상추쌈 싸 먹듯이 하면 안 된다고 하는데 논리가 부족한 듯하다.
마늘은 한국인의 자주성으로 냄새쯤은 극복해야 한다며 국민교육헌장을 들먹인다.

왼손잡이와 오른손잡이 사이에서 수육이 몇 점 안 남았는데 아무래도 오른손잡이 쪽
젓가락이 우세하다.
객석에서 캬~하는 감탄사가 목 넘김을 재촉하니 전문적인 지식은 바닥나고 배부름이
토론을 넉넉하게 만든다.
발제는 바닥이 났고 나이 든 논객들은 주섬주섬 벗어둔 양복 윗도리를 걸치고
토론장을 빠져나간다.

옆에서 시끌시끌한 걸 보니 다른 심포지엄도 있나 보다.
젊은 논객들이 크게 한탕 쫓다가 찢긴 가랑이로 반항하듯 외치는 '위하여!'

등 부표고립 장애표지*

보이지 않는 위험은
일방적인 결별처럼 난데없고 치명적이라며
의심은 끝없이 떠밀려왔고
잠시도 쉬지 못하는 사명으로
부유하는 것들의 부레마다
가라앉지 않는 희망을 통통하게 채워주며
태만을 경계하라는
섬뜩한 경고로 흑발의 상투를 틀었다

멀리서 적란운이 불안을 키우고
잔망스러운 파도의 너스레에도 기우뚱거리는
등 부표고립 장애표지*가
까만 상복에 두른 우울한 붉은 휘장으로
과장하는 비극의 종말
나긋나긋 흘림체의 기도문이 출렁거리면
너의 안부가 염려스러운지
군 2 섬광*의 눈빛도 같이 흔들린다

방생되어 호적 없는 물고기들이
정착지로 삼았을지도 모르는 불가침의 구역에서
지겹도록 강조하던
매사에 조심하라는 적극적인 충고
염려뿐인 불침번의 고된 임무 불평 없으니
자꾸 외로움 타는 어깨에
괭이갈매기라도 앉아 조잘거리면
조난의 두려움 잠시 잊는다

* 등 부표고립 장애표지: 선박이 통항할 수 있는 해역 내에서 항행에 장애가 될 암초 등, 고립된 장해물을 표시하는데 위에는 흑색구형 2개를 세로로 설치하고 망대형이나 원주형의 몸통엔 흑색 바탕에 하나의 넓은 홍색 횡대 표시를 하며 군 2 섬광으로 백색 빛을 발하는 바다 위의 부표
* 군 2 섬광: 군 2 섬광이란 등화가 2개이며 정확한 시간 간격으로 반복되는 섬광등을 말한다.

김어수 시비 곁에서

영월의 높은 산세 바람도 쉬어가니
속세의 온갖 번뇌 흰 구름 걸쳤구나
시비에 새겨둔 마음 처마 끝 어른어른

해탈은 요원하고 세월은 속절없어
빈 마음 풀어 놓고 가난을 벗 삼으니
휘도는 푸른빛 계곡 무릉도원 예 있네

직동천 치맛자락 단풍이 수 놓으면
핏대봉 목탁 삼아 무심을 두드릴까
좌선한 시비 옆에서 흘려듣는 시조 몇 수

숭어

쫄래둥이인 양 들뜬 몸짓들이
울돌목에 모여들어
단단한 근육에 철갑의 비늘이 돋고
거센 물살을 헤치는 본능에
두려움 없이 솟구치는 찬연한 지느러미로
수시로 하늘을 가르는
너의 술렁거림이 눈에 띄면
가난한 곳간은 비린내에 쿵쿵거릴 것이다

맨몸으로
약속의 내일을 꿈꾸며 경중거려
어림으로 헤쳐나가는 회오리 물살이
버겁긴 매한가지지만
제 운명을 시험하는 무모함으로
다시 나아갈 길을 열 것이다

가을걷이

부지런함 하나만 앞세운 일상에서
희망의 낟알 주워도
우듬지에 까치밥 남겨두는 여유는
가난한 사랑의 동병상련이다

인생살이 매운맛 대신하여 삭이며
가을볕 품는 고추 붉고
종아리 걷은 참깻단 나란히 서서
차례를 미루는 매질이다

헤프지 말고 야무져지라며
꽁꽁 동여맨 김장배추
고갱이 튼실하게 여물었으니
겨울 너끈히 넘기겠다

제 무게가 겨운 누런 호박
늙은 촌부의 마음인 양
담장 위에 올라선 덩치 큰 외로움
신작로 바라보며 가을 깊어진다

폭풍전야

이마 등고선에 걸친 저기압
아내의 갱년기가 세력을 확장한다
뜨거운 울화가 습기 머금고
적란운을 형성한다
억눌렀던 서운함이 뇌성을 만들고
곧 폭우도 쏟아질 것 같다
범람을 막기 위한 눈치의 제방을 쌓는다
폭풍이 지나가면 거짓말처럼
미안해하는 해맑간 표정을 지을 거다
쏟아내서 개운한
눈물의 정화작용이 한몫한다

통도사에서 봄을 찍다

철 따라 들꽃이나 연꽃 구경하러
은연중 들어서던 산문
통도사 극락보전 앞 홍매화
봄바람에 붉은 입술이 뾰로통하다

단아한 자태에 절제된 아름다움
누구인들 그냥 지나치랴
꽃잎에 햇살 머무는 순간
저마다의 찰나가 찍혀 저장된다

뒷전으로 밀려난 부처님
온화한 미소로 몽매함을 어르시니
차마 꽃향기까지는 못 담고
서툰 합장으로 불경스러운 마음 비운다

19 암자 품어 정좌한 영축산
천년 세월의 비움과 채움에도 변함없으니
홍매화 흐릿한 뒷배경 사진에
염화미소 담긴다

관계의 정상화

수다스럽던 웃음소리가 격리되고
손 맞잡고 안아 등 두들겨 주던 응원도
신분을 인증받으려 대기하며
당연시했던 일상은 평범의 허물을 벗었다

마스크로 중무장한 결연한 의지
코로나19가 억지로 입에 물린 재갈 때문에
눈빛만 깊어져 마음 우묵해지면
멀찌감치 서로를 관망하기로 했다

불안함과 낯을 익히는 동안에도
콧날 시큰해지는 이들의 헌신은 계속돼
막연함 속에 은둔자는
광장에서 부를 노래를 준비하고 있다

이웃을 홀대하지 않는 존중과 배려로
자연과 공존을 모색하는 지혜로
경계의 눈빛을 거두어 소통의 기쁨으로
환한 웃음에 입맞춤하는 그날을 위해

상하 관계

상전 모시듯-
아는 지인이 비싼 외제 차를 몰고 와 눈부시게 웃는데
애지중지 극진한 보살핌이 윤기 자르르하다
평상복 입고 앉기에도 조심스러운 고급가죽 시트에
신발은 꼭 털어야만 승차할 수 있단다
기껏해야 자동차인데 사람이 뒷전인 관계의 서열
왠지 호화스러운 감옥에 갇히는 기분이다
함께 탄 지인의 부러움 반 질투 반인 추임새에
한껏 의기양양한 어투엔 과시하는 품위가 고급지다

하인 부리듯-
오래 탄 내 승용차가
고급 외제 차가 근처에 오면 굽신거린다고?
천만의 말씀, 똥은 더러워서 피하는 거야!
슬쩍 긁혀도 핏대 올리지 않고
가끔 관절염을 앓기도 하지만
누추한 사람도 존중하는 사명감으로
땅강아지처럼 거리를 누빈다.

문영길 네 번째 시집
모퉁이

인쇄일: 2021년 11월 3일
발행일: 2021년 11월 3일

지은이: 문영길
펴낸이: 최경식
펴낸곳: 도서출판 청옥문학사
인쇄처: 세종문화사

등록번호 제10-11-05호
E-mail: sik620@hanmail.net
전화: 051-517-6068

값 12,000원

ISBN 979-11-91276-14-5 03810

* 이 책의 무단전재 및 복제행위는 저작권법에 의거, 처벌의 대상이 됩니다.

부산광역시 　부산문화재단

* 본 도서는 2021년 부산광역시, 부산문화재단 〈부산문화예술지원사업〉으로 지원을 받았습니다.